NOUVELLE THÉORIE

ET

NOUVELLE THÉRAPEUTIQUE

DES DARTRES.

Par Antoine Francon,

MÉDECIN EXERÇANT A PARIS.

Le charlatanisme
est dévoilé.

Prix : 1 Franc.

PARIS,
IMPRIMERIE DE P. BAUDOUIN,
Rue et Hôtel Mignon, n. 2.

1853.

Te 115/16

NOUVELLE THÉORIE

ET

NOUVELLE THÉRAPEUTIQUE

DES DARTRES,

Par Antoine Francon,

MÉDECIN EXERÇANT A PARIS.

Le charlatanisme
est dévoilé.

PRIX : UN FRANC.

PARIS,
IMPRIMERIE DE P. BAUDOUIN,
RUE ET HÔTEL MIGNON, N° 2.

1835.

AVANT-PROPOS.

Convaincu qu'un nouvel essai était nécessaire pour dissiper les ténèbres qui couvrent les dartres ; qu'une critique philosophique manquait à leur histoire, j'ai fait de ce groupe nombreux une étude approfondie. Je m'empresse de publier les lumières que je dois à mes longues réflexions et à mes nombreuses observations. La résistance des dartres à la matière médicale m'a fait croire que les traitemens qu'on leur a opposés jusqu'ici, n'ont point été en harmonie avec leur nature : j'ai fait toutes sortes de recherches pour en découvrir les vices; je crois qu'ils ne m'ont pas échappé ; je me croirai heureux si, par mes travaux, l'homme se trouve moins dégradé par ces maladies *hideuses*. Puisse cet essai porter un coup au charlatanisme ! puisse-t-il jeter du jour sur l'essence des dartres; lier les faits aux théories, et imprimer à la médecine ce caractère de science qu'elle invoque depuis quarante siècles!... C'est l'objet de mes vœux.

DERMATOSES

DARTREUSES.

Un si grand nombre de phlegmasies cutanées portent le nom de dartres, qu'il est impossible d'en donner une description générale. Ces phlegmasies ont plusieurs caractères communs qui ont conduit les pathologistes à en faire un groupe à part. Ces caractères sont : la dénudation de la peau, sa rougeur de couleur violette, un prurit plus ou moins désagréable ou douloureux, une éruption vésiculeuse, pustuleuse et tuberculeuse; la concrétion du liquide excrété sur le siége de la phlegmasie, son élimination sous forme de poussière, d'écaille ou de croûtes; une tendance à la reptation, aux récidives, une marche lente, l'absence presque constante d'un mouvement fébrile.

Le professeur Alibert a divisé le groupe nombreux des dartres en quatre genres; plusieurs de ces genres contiennent des espèces et des variétés.

Le premier est l'herpès ; il est caractérisé par des vésicules séreuses quelquefois si petites, qu'elles sont microscopiques, avec un prurit plus ou moins vif, se terminant par la furfuration ou la desquammation.

Le varus est le deuxième genre ; il est caractérisé par des pustules et des tubercules qui suppurent, se dessèchent pour faire place à d'autres; la face en est souvent le siége. Ces deux genres sont compatibles avec une pleine santé.

La malitagre est le troisième genre ; elle est caractérisée par une éruption de petites pustules réunies en plus ou moins grand nombre, exhalant une matière purulente, se concrétant et simulant du miel qui a de la consistance. Ces concrétions tombent, et sont remplacées par d'autres.

L'esthiomène est le quatrième genre; il est caractérisé par un tubercule accompagné de rougeur et de chaleur, se terminant par ulcération. Ces deux derniers genres détériorent souvent la santé des individus qui s'en trouvent affectés.

ÉTIOLOGIE.

Les pathologistes se sont efforcés de rendre l'histoire des dartres intéressante par la pompe d'un luxe étiologique; presque toutes les causes des dartres ont été puisées dans leur féconde imagination. Quelques uns attribuent les dartres à un désordre survenu dans les actes fonctionnels de la peau, à des maladies antérieures exhantématiques ou autres; à une peau blanche, aux blonds cheveux, à une qualité de la peau inconnue, au relâchement des fibres; à la suppression de plusieurs évacuations naturelles chez les deux sexes; à l'action du soleil, à une transpiration trop abondante, à une transpiration interceptée, à un grand nombre de professions, telles que celles de menuisier, de cuisinier, de forgeur, de plâtrier, de tanneur, de corroyeur, de chaudronnier, à la carrière bureaucratique. Suivant ces praticiens, les femmes sédentaires, les brodeuses, les couturières, les tailleuses, celles qui s'occupent beaucoup du dessin ou de la peinture, etc., sont sujettes à être affectées des dartres. Les gens de cabinet, tels que les négocians, les jurisconsultes, les peintres, les teneurs de livre, les commis de magasin, les rédacteurs des journaux, les étudians, en un mot, sont sujets aux dartres à cause de leur vie sédentaire.

Ces praticiens croient encore que les dartres peuvent être le résultat de la rareté des bains, de la malpropreté : que les moines, les ermites et les musulmans qui négligent les ablutions, sont sujets aux affections herpétiques.

D'autres praticiens pensent que les jeunes personnes douées d'une constitution sanguine, lymphatique, d'une prédominance du tissu cellulaire, sont prédisposées aux dartres. Ils regardent la gloutonnerie, la friandise, l'usage des liqueurs, comme de puissantes causes des dartres. Ils rapportent ces mêmes affections à des couches laborieuses, à la négligence des femmes d'allaiter leurs enfans. Ils enseignent que les ardeurs de la canicule en faisant fermenter le sang, favorisent le développement des dartres. Ils s'imaginent que beaucoup de métiers influent sur la production de la phlegmasie qui nous occupe ; ils enseignent que les ouvriers exposés à des émanations minérales, sulfureuses, farineuses, sont sujets aux dartres.

Certains auteurs rangent au nombre des causes des dartres, la pléthore et l'émaciation ;

un régime trop succulent, composé de gibier, de viandes excitantes; un régime débilitant, composé d'alimens contenant peu de matière nutritive sous beaucoup de volume, tels que les fruits de mauvaise qualité ou non mûrs, acerbes, âcres, etc.; l'encombrement et le séjour dans une atmosphère viciée.

Quelques praticiens regardent les dartres comme des affections sympathiques d'une gastrite, d'une hépatite, d'une duodénite, d'une métrite chronique, et d'après cette fausse théorie, appliquent les sangsues à l'épigastre, prescrivent les émolliens à l'intérieur, les alimens adoucissans et les bains; ils sont en opposition avec d'autres qui prétendent au contraire que les dartres font naître des phlegmasies gastro-intestinales sympathiques.

Des auteurs sont portés à attribuer les dartres à l'usage des alimens indigestes; à la colère, au chagrin, à la terreur, aux veilles prolongées, à l'immodération dans le plaisir, aux cosmétiques, à la surexcitation des organes génitaux.

La cessation des douleurs articulaires, la suppression intempestive de quelque exutoire, d'une hémorrhagie habituelle ou de toute autre excrétion, sont jugées capables de produire les dartres. Les professions qui retiennent les individus dans une atmosphère chargée de molécules végétales, terreuses, métalliques ou animales, disposent aux dartres, selon des auteurs : ainsi les boulangers, les meuniers, les amidonniers, sont sujets aux dartres.

Tout ce qui irrite directement ou indirectement la peau, l'action réitérée du rasoir, les frictions prolongées, etc., peuvent produire les dartres.

Cette énumération nombreuse des causes des dartres qu'on trouve chez les auteurs modernes, est un tissu de fables. Ces auteurs prennent leurs lecteurs pour des enfans ou des pauvres d'esprit.

D'après ces auteurs, les métiers qui fatiguent beaucoup, comme ceux des piétons, des scieurs de long, des faucheurs, disposent aux dartres, en excitant une transpiration trop abondante, et irritant par là les vaisseaux exhalans; les professions qui nécessitent une vie sédentaire, telles que celles des étudians, des peintres, etc., prédisposent aux dartres en faisant languir la transpiration cutanée, et en favorisant la rétention des excrémens volatils du corps, lesquels deviennent des points d'irritation pour le tégument. L'exposition prolongée à la chaleur du feu ou aux rayons du soleil, le séjour dans une atmosphère contenant des poussières irritantes, disposent aux dartres; les libertins, les gourmands, les buveurs, sont sujets aux dartres; un régime trop succulent, un régime trop débilitant; la pléthore, l'anémie, peuvent donner naissance aux dartres.

Si toutes ces causes des dartres étaient fondées, tous les hommes seraient sujets aux dartres, ce qui est une grande absurdité.

Je suis pris d'envie de rire, lorsque de célèbres médecins disent, du meilleur sens qu'ils ont, que les blonds cheveux, une peau blanche, une qualité inconnue de la peau, prédisposent aux dartres. Quelle raison donneront-ils de ce qu'ils avancent? Rien n'est plus faux qu'un climat brûlant produise les dartres, puisqu'en certains pays sauvages situés dans la zone torride, les affections dartreuses sont inconnues, parce que les habitans vivent des fruits des arbres, et ne font point usage des épices. Rien n'est plus faux que les professions de pâtre, de moissonneur, prédisposent aux affections dartreuses, parce que tous les cultivateurs seraient enclins à ces phlegmasies.

Si les professions qui nécessitent une vie sédentaire prédisposaient aux dartres en paralysant la transpiration cutanée; si les métiers qui obligent à vivre au milieu d'une atmosphère remplie de molécules terreuses, métalliques ou animales, exposaient aux dartres, parce que ces molécules en se déposant sur le tégument, gênent la transpiration cutanée; si l'exposition prolongée à la chaleur du feu était une cause des dartres, la majeure partie de la population de Paris serait dartreuse; car les gens d'étude, les commis, les négocians, les peintres, les tailleurs, les couturières, les brodeuses, les tailleurs de pierre, les maçons, les plâtriers, les boulangers, les cuisiniers, les menuisiers, les forgeurs, les employés dans les laboratoires de chimie, etc., constituent la masse de la population de Paris.

Le défaut de linge et la malpropreté ne produisent point les dartres, puisque ces maladies sont inconnues en certains pays où l'on porte peu de vêtemens et où l'on vit dans une grande malpropreté à cause de la rareté de l'eau.

Il est très faux que les dartres soient sous la dépendance d'une gastrite, d'une duodénite, d'une hépatite, d'une métrite chronique, puisque toutes les fonctions s'accomplissent bien chez la plupart des dartreux.

Il est aussi très faux que les dartres fassent naître des gastro-entérites. Les gastro-entérites peuvent arriver à la suite d'une dérivation sur le canal intestinal déterminée par les purgatifs, les préparations arsenicales ou mercurielles, et autres irritans; mais alors elles sont l'effet de la médication.

Si la gloutonnerie, l'immoralité, la colère, le chagrin, le penchant à l'ivrognerie causaient les dartres, ces maladies seraient très nombreuses dans le siècle où nous vivons.

Si les causes des dartres étaient si nombreuses que les auteurs modernes veulent le faire croire, toute l'espèce humaine serait prédisposée à ces phlegmasies cutanées.

Ces prétendues causes des dartres tracées avec toutes les graces du talent et d'un beau génie, comme on le voit chez quelques auteurs modernes, figureraient très bien dans *les Mille et une Nuits*; mais elles sont fort mal placées dans des livres de médecine d'où les beaux contes doivent être bannis.

Cause organique des Dartres.

Tous les auteurs se sont égarés en cherchant la cause organique des dartres ; l'imagination s'est épuisée en conjectures futiles. Certains ont allégué l'acrimonie de la bile, de la pituite ; plusieurs ont accusé des diathèses acides ou alkalescentes ; d'autres l'ont rapportée aux matières excrémentitielles rassemblées sous l'épiderme, lesquelles deviennent des points d'irritation et la cause essentielle des dartres.

Cette dernière explication est spécieuse et satisfaisante pour les partisans du solidisme ; mais elle est plus frivole que solide. Premièrement une telle cause organique ne peut être démontrée qu'anatomiquement ; les spéculations du cabinet, si ingénieuses qu'elles soient, sont stériles sur un tel sujet. Ensuite, comment concevoir que les excrémens volatils qui doivent s'échapper par l'émonctoire de la peau, résistent aux sudorifiques les plus puissans, rendent illusoires les efforts de l'art médical, causent des désordres effroyables, corrodent le tégument, les muscles, les cartilages, et menacent même les os. Il faut convenir qu'il existe nécessairement des phénomènes morbides autres que les excrémens volatils accumulés sous l'épiderme : entre la cause et l'effet, il ne saurait se trouver une disproportion si grande.

La thérapeutique des auteurs modernes excitera le rire, aussi bien que leur étiologie : plusieurs auteurs modernes ont préconisé les bouillons de grenouille dans le traitement des dartres. Sur quelle théorie, sur quels faits s'appuient ces praticiens pour avancer une telle assertion ? Quel est le rapport de cet amphibie, dont la chair ne contient pas un très bon suc, avec la nature des dartres? Ces auteurs ont suivi l'élan de leur imagination.

D'autres praticiens donnent de grandes louanges aux bouillons de vipère dans la curation des dartres. Ces praticiens qui affirment que la chair de vipère, sous plusieurs formes, est utile dans la curation des dartres, ne citent aucune observation pour venir à l'appui de leurs assertions ; peut-être n'ont-ils jamais prescrit l'usage intérieur de la vipère dans leur pratique ; quelle estime méritent-ils ?

Quelques médecins de nos jours exaltent les bouillons de tortue, de veau, de poulet, le lait d'ânesse dans le traitement des dartres. Ces médecins n'établissent l'utilité de ces substances par aucune théorie; ils ne citent aucun fait, aucune observation pour prouver le fondement de ce qu'ils affirment ; leur imagination leur a suggéré ce qu'ils enseignent. Ces praticiens peuvent devenir très funestes aux individus qui n'ont qu'une médiocre fortune, parce que le lait d'ânesse et la chair de tortue coûtent très cher dans notre pays. Cependant aucune guérison bien constatée n'a été produite, soit par les bouillons de veau ou de poulet, soit par la chair de tortue ou par le lait d'ânesse. Quel peut être le rapport de ces substances avec la phlegmasie dartreuse ? aucun auteur n'entreprend de le faire sentir.

Les bouillons de tortue jouissent de la fameuse épithète de dépurateurs du sang, mais ces bouillons, comme tant d'autres substances, sont décorés de ce beau nom. La chair de cet amphibie a été gratifiée des vertus qu'on lui attribue; c'est par un instinct d'imitation que plusieurs praticiens préconisent l'utilité de cet amphibie. - Les médecins modernes sont les échos des anciens, et ne craignent nullement d'induire en erreur les générations futures. Les bouillons de vipère, de grenouille, de tortue, de veau, de poulet, etc., possèdent des vertus médicinales très médiocres, et l'on ignore encore si leurs faibles vertus sont en harmonie avec la phlegmasie qui nous occupe. Plusieurs de ces animaux occupent une brillante place dans la cuisine, et une bien obscure dans les officines. L'hygiène cependant, loin de les repousser, en tire des secours dans bien des cas. Sont-ils indiqués dans le régime des dartreux ? cela reste à déterminer.

Ces auteurs qui préconisent les substances dont nous avons parlé sans en donner aucune raison, se jouent de la crédulité de leurs lecteurs, et sont esclaves eux-mêmes du plus aveugle empirisme.

La méthode anti-phlogistique a été pompeusement préconisée depuis quelques années. Les partisans de la doctrine physiologique avaient cru trouver un traitement parfaitement en harmonie avec la nature des dartres; ils ne séparaient pas l'inflammation dartreuse des autres inflammations cutanées; ils la regardaient comme une simple irritation des vaisseaux exhalans de la peau. D'après leur fausse théorie, ils prescrivaient des saignées générales et locales, insistaient sur les dernières, et secondaient les émissions sanguines par les bains, les émolliens à l'intérieur, et les alimens adoucissans. Ce traitement a le plus souvent échoué, et les guérisons qu'il a produites, ont toujours été éphémères. L'inflammation dartreuse est une inflammation spécifique; elle réclame par conséquent un traitement spécifique selon les lois de la médecine philosophique.

Quelles sont donc les causes déterminantes des dartres? Quelle est la nature de ces phlegmasies ?

Je fus à peine initié aux premières connaissances de la médecine, que je présumai que les dartres provenaient d'un vice dans les humeurs; mais je ne savais ni quelle était l'humeur qui était le siége de ce vice, ni quel était l'agent hétérogène qui était l'essence des dar-

tres. Que penser de ces inflammations qui éclatent sans cause externe connue, sans aucune lésion venue du dehors, et qui résistent à tous les traitemens? Rien ne paraît plus rationnel que de les attribuer à un vice interne.

Je me suis fait de ces maladies une grande étude, j'ai lu les auteurs anciens et modernes qui ont traité des dartres, je n'ai rien trouvé de satisfaisant; toutes les opinions émises sur les causes et la nature des dartres, ne reposent que sur des idées.

Toutes les fois que j'ai rencontré des dartreux aussi bien en province qu'à Paris, je les ai interrogés et me suis informé de leurs habitudes. J'ai interrogé plus de cent dartreux sur les écarts de régime, tous m'ont répondu, à l'exception d'un seul, qu'ils avaient l'habitude de saler beaucoup leurs alimens; la seule personne qui me soutint n'avoir jamais usé d'alimens trop salés, me déclara qu'elle avait ce mal de naissance, qu'elle était née dartreuse. J'ai questionné des individus porteurs de tous les genres dartreux, de l'herpes, du varus, de la mélitagre et de l'esthiomène, tous m'ont avoué avec sincérité qu'ils avaient usé pendant long-temps d'alimens trop salés. Ces aveux m'ont fait présumer qu'un usage trop grand du sel commun ou de cuisine, était la cause déterminante des dartres, et que l'introduction d'une grande quantité de ce sel dans le système sanguin, était la cause essentielle des inflammations dartreuses. Je ne me suis pas arrêté là, j'ai fouillé dans les auteurs anciens et modernes, j'ai lu que beaucoup de médecins ont observé que le sel de cuisine donne de l'âcreté au sang, et que de légers excès de cette substance ont les conséquences les plus fâcheuses.

Essence des Dartres.

Ce qui me confirme dans l'assertion qu'une grande quantité d'hydrochlorate de soude en solution dans le système sanguin, est la cause essentielle des inflammations dartreuses, c'est l'analyse des squames et des croûtes qui sont le résultat de l'inflammation et de l'éruption dartreuse. Elles contiennent, d'après l'analyse de Vauquelin, une assez grande proportion de muriate de soude. Ce principe manque dans le sang, dans l'état de parfaite santé ; lorsqu'il s'y trouve, il est hétérogène. L'hydrochlorate de soude qui se trouve dans les concrétions dartreuses, est la cause de l'irritation ; les autres substances qui coexistent avec ce sel, telles que le mucilage animal, l'alumine, le carbonate de chaux, sont le produit de l'inflammation.

OBSERVATIONS.

Je connais particulièrement un individu qui vit à de bonnes tables sur lesquelles sont rarement servies des salaisons et qui sont chargées d'alimens d'excellente qualité, un herpes occupe tout son tégument, parce que cette personne sale fortement tout ce qu'elle mange; elle saupoudre de sel la soupe, la salade déjà salées, et fait la même chose pour le bœuf et le rôti. L'introduction d'une trop grande quantité de sel de cuisine dans l'économie, peut sans autre causes produire les dartres.

Une cuisinière se présenta à l'hôpital Saint-Louis, au professeur Alibert, pour se faire traiter d'un herpes siégeant sur un doigt; une pièce de vingt sols aurait pu couvrir le siége enflammé. On attribua cette phlegmasie à l'action prolongée du feu, on la regarda comme locale, et on la traita d'après la théorie qui établissait sa nature. Les divers topiques qu'on employa, furent inutiles à l'étonnement de la cuisinière qui regardait son mal comme léger et superficiel. Je lui fis plusieurs questions, elle m'avoua qu'elle avait l'habitude de saler fortement tous ses alimens; la cause de sa maladie ne fût plus équivoque pour moi. Une phlegmasie dartreuse qu'une pièce de vingt sols aurait pu couvrir, mal si léger en apparence, avait les racines les plus profondes, puisqu'elle résultait de ce que son sang était imprégné d'une grande quantité de muriate de soude. La chaleur prolongée du feu n'avait été qu'une cause occasionelle.

Une dame de Paris se transporta à l'hôpital Saint-Louis pour se faire traiter d'un herpes siégeant sur plusieurs parties du tégument, survenu à l'époque de ses couches. Le médecin qui la traita pensa comme sa malade, que ses couches laborieuses étaient toute la cause de ses éruptions dartreuses; il eut recours successivement et inutilement à tous les topiques connus; la malade, après un long séjour à l'hôpital Saint-Louis, sortit aussi malade qu'elle l'était à son entrée. Je l'interrogeai ainsi : Habituellement n'usez-vous pas d'alimens trop salés? Oui, me répondit-elle; j'aime les choses fortement salées. Son herpes provenait de ce que ses humeurs étaient imprégnées de muriate de soude. Les couches laborieuses n'avaient été qu'une cause occasionelle. Je ne cite pas d'autres observations qui me mèneraient trop loin.

Je regarde donc les alimens fortement salés comme la cause déterminante des dartres, et l'économie imprégnée d'une grande quantité de muriate de soude constitue leur essence.

L'affection dartreuse est toujours, sans aucune exception, une maladie générale, jamais locale, provenant toujours de causes internes, jamais de causes externes, celles-ci ne pouvant être qu'occasionelles.

La contagion des dartres, admise par un grand nombre d'auteurs anciens et modernes, est aussi impossible que celle de la goutte, car il faut que l'économie soit imprégnée de muriate de soude pour être sujette aux dartres.

L'affection dartreuse est éminemment héréditaire, des faits nombreux le prouvent. Si une femme dartreuse allaite ses enfans, ceux-ci sont peut-être toujours plus ou moins souillés du vice dartreux. L'habitude de manger des alimens fortement salés n'est point nécessaire alors. Un fœtus nourri par un sang imprégné de muriate de soude ne peut éviter d'en être imprégné lui-même. Une nourrice dartreuse peut souiller son nourrisson du vice dartreux, parce que son lait est imprégné de muriate de soude. Une mère dartreuse ne doit point allaiter ses enfans, et a besoin de comprimer le virus dartreux par un régime précautionnel.

Curation.

Une maladie générale réclame nécessairement une médication qui détermine des effets généraux. Lorsqu'une maladie provient d'un vice interne, il faut, pour la guérir, procéder à l'intérieur. La connaissance de la nature des dartres détruit une des ressources du charlatanisme, en faisant tomber tout d'un coup tous les topiques inventés pour la guérir. Un traitement local le plus parfait est toujours incapable de guérir la dartre la plus légère. Si les topiques guérissent quelquefois, la guérison n'est qu'éphémère

La connaissance de la nature des dartres fait tomber aussi l'effrayante catégorie des agens thérapeutiques employés contre elles. L'on voit que les plantes appartenant à la famille des solaneés, des crucifères, des labiées, des malvacées, etc., sont au-dessous de l'opiniâtreté des dartres ; que les métaux, les antimoniaux, qui prenaient de la réputation, ne sont point en harmonie avec la nature des dartres ; que le traitement anti-phlogistique lui-même est impuissant, puisque la phlegmasie dartreuse est spécifique, et qu'elle réclame un traitement également spécifique.

Il faut commencer le traitement d'une maladie par l'éloignement de ses causes ; il faut proscrire tous les alimens dans lesquels le sel entre comme assaisonnement ; en conséquence, les bouillons, au lieu d'être recommandés par plusieurs praticiens modernes, doivent être défendus, à moins que les malades veuillent les prendre sans sel.

Je regarde le sel de cuisine (muriate de soude) comme la cause la plus puissante des dartres. Cependant d'autres causes peuvent concourir avec le sel au développement des dartres. Je mets au nombre de ces causes, le lard, la graisse, l'huile et le beurre rances, ou qui ont roussi; le pain fait avec des farines altérées, les alimens poivrés, les viandes qui ont éprouvé un commencement de décomposition putride.

Il faudra donc proscrire tous les alimens dans lesquels le lard, la graisse, l'huile et le beurre rances, peuvent entrer comme assaisonnement. Les roux faits avec ces substances doivent être aussi proscrits.

J'ai observé des choses que mes lecteurs auront de la peine à croire; j'ai remarqué que toutes les substances peu assimilables devenaient des alimens pour les dartres, quoique ces substances ne puissent être mises au nombre des causes déterminantes de ces maladies. Ainsi le beurre frais, l'huile d'olive de bonne qualité, la graisse des jeunes animaux, doivent être regardés comme impropres dans le régime des dartreux. Ce sera une bonne précaution que d'éloigner ces substances, il s'ensuivra que la salade, la friture, la soupe maigre, etc., ne seront point comprises dans le régime des dartreux.

Les émolliens à l'intérieur ne sont point d'une utilité reconnue. Presque tous les praticiens modernes qui se sont rapprochés de la doctrine physiologique dans le traitement des dartres, ont suivi le mouvement médical. Ils ont cru à une inflammation, sans penser qu'elle est spécifique; ils ont tous prescrit les alimens adoucissans, le lait, le petit-lait, les viandes blanches, telles que le veau, le poulet, le poisson, les grenouilles, et ont rejeté les viandes excitantes qui contiennent le plus d'azote, comme disposant à la diathèse inflammatoire. C'est une erreur qu'ils ont commise. Les dartres ne proviennent aucunement de ce que le sang contient trop d'azote, mais uniquement de ce qu'il contient trop de muriate de soude.

Le bœuf, le gibier dégraissés, non épicés, non assaisonnés avec du beurre ou de l'huile, peuvent être permis aux dartreux.

Observation. Je connais un dartreux auquel on avait défendu les viandes excitantes; s'en étant abstenu pendant long-temps, ne voyant point d'amélioration, il est revenu aux viandes excitantes, sa dartre n'en a éprouvé aucune exaspération.

Toutes les viandes de bonne qualité et dégraissées, peuvent être permises aux dartreux, le bouillon de bœuf lui-même, pourvu que le malade veuille le prendre sans sel, et simplement aromatisé avec nos plantes potagères, telles que le cerfeuil, l'estragon, la rave, le panais, etc. Les bouillons gélatineux sans la défense de les saler, que les praticiens prescrivent, sont une faute de thérapeutique, puisque, s'ils contiennent du sel, ils introduisent dans l'économie l'agent générateur des dartres.

Le lait, surtout celui qui est fourni par des vaches vivant au grand air et d'herbes succulantes, ne peut qu'être utile aux dartreux. Les fruits, les légumes de bonnes qualités leur conviennent. Il faut commander aux dartreux de n'user que d'un pain bien pétri, bien cuit, et fait avec des farines très saines.

Un tel régime doit être regardé comme la base du traitement des dartres, mais il est souvent insuffisant, quoiqu'il produise toujours de bons effets. Il est souvent nécessaire de joindre au traitement hygiénique un traitement pharmaceutique.

Les purgatifs jouissent d'une antique réputation dans le traitement des dartres. Une foule de praticiens déclarent qu'une dérivation prolongée sur le canal intestinal, au moyen des purgatifs, fait disparaître les phlegmasies dartreuses ; mais on a observé qu'un long usage des purgatifs laissait quelquefois des phlogoses chroniques dans le tube alimentaire. Pour éviter cet inconvénient qui est très grand, il faut éviter les drastiques violens, tels que la gomme gutte, la coloquinte, la résine de jalap, etc.; employer la poudre de racine de jalap à la dose de 20 à 40 grains pour les adultes. Cette poudre est énergique, elle n'a pas les inconvéniens des teintures dont la résine peut se précipiter dans l'estomac, et phlogoser l'endroit où elle repose.

L'huile de ricin, le sulfate de soude, la manne, le tamarin, ne peuvent être d'une grande utilité dans le traitement des dartres. Ces laxatifs n'ont qu'une action locale, et seraient au-dessous de l'opiniâtreté de la maladie. Si l'on veut retirer une grande utilité des purgatifs, il faut employer ceux qui sont énergiques et qui déterminent des effets généraux. Il importe de donner quelques doses purgatives après la disparition des phlegmasies pour prévenir la récidive si fréquente dans les affections dartreuses. Le traitement hygiénique doit durer toute la vie, parce que la guérison radicale des dartres est moralement impossible.

Observation. Je connais un individu qui a été affecté d'un varus siégeant sur tout le tégument, et particulièrement sur la face. Il a consulté plusieurs médecins qui n'ont pu le guérir ; il a pris de son mouvement plus de vingt doses de sulfate de soude, dans le dessein de se délivrer de son varus. Chaque dose de sulfate de soude déterminait de copieuses évacuations ; cependant elles n'ont jamais fait disparaître les tubercules disséminés sur son tégument. Cet individu a eu recours à un purgatif drastique : cinq ou six doses ont fait disparaître les tubercules qui couvraient le tégument. L'individu se croyant guéri, n'a suivi aucun régime prophylactif. Son varus après avoir dormi quelques mois, reprenait peu à peu son ancien domaine. Le porteur de ce varus prenait quelques doses drastiques, et le varus était effacé ; mais quelques mois après il se manifestait de nouveau.

Le dartreux a remarqué que lorsqu'il mangeait de la charcuterie, même en très petite quantité, il avait quelques jours après plus de tubercules à la figure qu'à l'ordinaire. Il a observé encore que lorsqu'il mangeait des roux, des alimens salés, un plus grand nombre de tubercules paraissaient sur son tégument. Il a jugé à propos de renoncer à l'usage des purgatifs qui compromettaient déjà l'état physiologique de son estomac. Il s'est déterminé à opposer à son varus un régime qu'il appelle dépuratif. Il s'abstient de la charcuterie, de la pâtisserie, des ragoûts, des roux, des fritures, des alimens adipeux, huileux, butéreux, et de tous ceux où le sel de cuisine entre comme assaisonnement.

Il fait usage de la viande de boucherie rôtie et dégraissée ; il ne l'assaisonne ni avec le sel, ni avec du poivre, ni avec les aromates exotiques ; il boit peu de vin, fait un grand usage des végétaux frais, du lait, du petit-lait et des viandes blanches ; il mange une grande quantité de fruits cuits ou crus ; le sel est proscrit de sa cuisine.

Depuis que cet individu s'est condamné à un tel régime, il passe quelquefois un mois sans voir un seul tubercule sur son tégument ; et parfois, lorsque des tubercules se montrent, ils sont peu nombreux, se dessèchent sans être immédiatement remplacés par d'autres. Depuis plusieurs années, ce porteur de varus se garantit de sa hideuse infirmité par ce régime sévère.

La récidive constante des dartres après un traitement purement pharmaceutique, l'exemple que je cite d'une guérison durable, au moyen d'un régime approprié, m'a porté à prononcer que l'éloignement des causes de la maladie dartreuse est le point fondamental de sa thérapeutique. Le traitement hygiénique est donc le plus important, le seul essentiel ; et le traitement pharmaceutique, quoique d'une grande utilité, s'il est bien entendu, ne doit, à mon sens, que tenir le second rang parmi les moyens curatifs qu'on peut opposer au groupe nombreux des dermatoses dartreuses.

Le traitement local n'est qu'accessoire ; il n'est point nécessaire à la curation des dartres : il ne doit cependant pas être négligé. Les répercussifs doivent être employés avec circonspection, parce que d'autres organes plus importans que le tégument peuvent devenir le siége de l'irritation dartreuse. La saignée générale est raremant indiquée; les sangsues sont utiles dans certains cas. L'immersion du siége phlegmasique dans un liquide émollient est d'une assez grande utilité. Quelques auteurs ont avancé que l'usage prolongé des bains émolliens serait capable de guérir les dartres, ils ont commis une erreur. Les médicamens qui exercent leur action sur le tégument, ne peuvent déraciner une maladie qui siége dans les profondeurs de l'organisme. Il est impossible que les pommades et tous les topiques ensemble puissent guérir les dartres. J'appelle l'attention de mes lecteurs sur cette vérité. Les cataplasmes narcotiques peuvent servir à modérer un prurit insupportable. Je termine le traitement local ou externe, en disant quelques mots sur le soufre.

L'utilité de ce médicament dans la curation des dartres, a été singulièrement exagérée dans ces derniers temps. Premièrement ceux qui le préconisent avouent son peu d'utilité dans le traitement de la mélitagre et de l'esthiomène ; mais il est encore infidèle dans la curation de l'herpès et du varus ; j'ai vu à l'hôpital Saint-Louis plusieurs herpès qui ont complétement résisté aux préparations sulfureuses et aux autres topiques. Lorsque le soufre guérit, il ne produit point une guérison durable ; il ne mérite aucunement le titre de spécifique dans le traitement des affections dartreuses.

Le soufre peut être mis au nombre des évacuans ; à l'opposé des purgatifs qui augmentent les secrétions intestinales, étant appliqué à l'extérieur, il porte son action sur l'émonctoire de la peau, auquel il donne une grande énergie. Une bonne administration du soufre sous toutes les formes, peut concourir à la guérison des dartres ; mais seul il ne peut jamais en triompher.

Dernières réflexions.

Ayant parlé de mon opinion sur l'essence des dartres à plusieurs praticiens, ils m'ont objecté qu'ils avaient vu des éruptions dartreuses causées par un grand chagrin et par des exercices violens et continués pendant long-temps. Je réponds qu'une économie imprégnée d'hydrochlorate de soude a donné naissance aux dartres dans tous ces cas; que le chagrin, la transpiration trop active, ne peuvent être que des causes occasionelles.

L'on m'a encore objecté que des individus après avoir mangé des alimens salés pendant un certain temps, avaient été affectés de scorbut, et non de la phlegmasie dartreuse.

Je réponds toujours que les dartres sont produites par l'introduction d'une trop grande quantité d'hydrochlorate de soude dans le système sanguin. Mais ce sel donne-t-il naissance à la seule phlegmasie dartreuse? je suis loin de l'affirmer.

Si d'autres objections me sont faites, je me propose d'y répondre.

FIN.

www.ingramcontent.com/pod-product-compliance
Lightning Source LLC
Chambersburg PA
CBHW060546050426
42451CB00011B/1816